Carnaval

Manuel Bandeira na década de 1930.

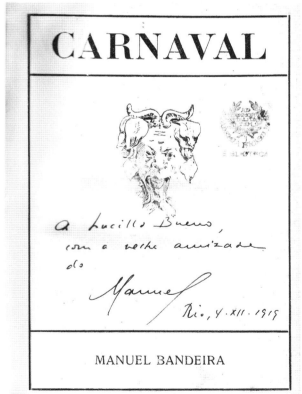

Frontispício da primeira edição de *Carnaval*, 1919, com dedicatória para Lucilla Bueno.

Poema "Rondó de Colombina" reproduzido no jornal *Correio da Manhã*, de 2 de março de 1930.

Manuel Bandeira em
São Lourenço, 1938.

Manuel Bandeira em
Petrópolis, 1926.

Manuel Bandeira

Carnaval

Apresentação
Affonso Romano de Sant'Anna

Coordenação Editorial
André Seffrin

São Paulo
2014

© Condomínio dos Proprietários dos Direitos
Intelectuais de Manuel Bandeira

Direitos cedidos por Solombra – Agência
Literária (solombra@solombra.org)

3ª Edição, Global Editora, São Paulo 2014

- JEFFERSON L. ALVES
  Diretor Editorial
- GUSTAVO HENRIQUE TUNA
  Editor Assistente
- ANDRÉ SEFFRIN
  Coordenação Editorial,
  Estabelecimento de Texto,
  Cronologia e Bibliografia
- FLÁVIO SAMUEL
  Gerente de Produção
- JULIA PASSOS
  Assistente Editorial
- FLAVIA BAGGIO
  Revisão
- EDUARDO OKUNO
  Projeto Gráfico

Imagens:
capa: Corso carnavalesco no Rio de Janeiro, década de 1910. Acervo Iconographia.
p. 2, 3 sup. e 5: acervo pessoal de Manuel Bandeira, ora em guarda no Arquivo-Museu de Literatura Brasileira/Fundação Casa de Rui Barbosa-RJ.
p. 3 inf.: reprodução do exemplar da Biblioteca Acadêmica "Lúcio de Mendonça" da Academia Brasileira de Letras.
p. 4: Fundação Biblioteca Nacional – RJ.

Todas as iniciativas foram tomadas no sentido de estabelecer-se as suas autorias, o que não foi possível em todos os casos. Caso os autores se manifestem, a editora dispõe-se a creditá-los.

A Global Editora agradece à Solombra – Agência Literária pela gentil cessão dos direitos de imagem de Manuel Bandeira.

CIP BRASIL. Catalogação na fonte
Sindicato Nacional dos Editores de Livros, RJ

B166c
3. ed.

Bandeira, Manuel, 1886-1968
 Carnaval / Manuel Bandeira ; apresentação Affonso Romano de Sant'Anna ; coordenação editorial André Seffrin – 3. ed. – São Paulo : Global, 2014.

 ISBN 978-85-260-1987-4

 1. Poesia brasileira. I. Título.

13-05242   CDD: 869.91
                                CDU: 821.134.3(81)-1

Direitos Reservados

**Global Editora e
Distribuidora Ltda.**
Rua Pirapitingui, 111 – Liberdade
CEP 01508-020 – São Paulo – SP
Tel.: (11) 3277-7999 – Fax: (11) 3277-8141
e-mail: global@globaleditora.com.br
www.globaleditora.com.br

*Colabore com a produção científica e cultural.
Proibida a reprodução total ou parcial desta obra sem a
autorização do editor.*

Nº de Catálogo: 3626

Carnaval

O carnaval de Bandeira

Que livro é este? O que significa *Carnaval* dentro da trajetória de Manuel Bandeira, que até então havia publicado, por conta própria, aos 31 anos, um livro meio triste, impregnado de linguagem parnasiana e simbolista, *A cinza das horas* (1917)?

A primeira coisa interessante (e que mereceria uma pesquisa mais acurada) é que, ao publicar *Carnaval* em 1919, também numa edição do próprio autor, Bandeira se inseria dentro de uma onda temática. O carnaval e os personagens Arlequim, Pierrot e Colombina eram moda, eram assunto de teatro, romance, poesia, ópera e artes plásticas. É por aí que se pode começar a interpretar esta obra. O circo, por exemplo, teve nessa época certo esplendor e absorveu alguns desses personagens.

Vejamos, apenas como aperitivo, alguns exemplos nas artes plásticas na passagem do século XIX para o século XX. Georges Seurat fixou nos seus quadros a temática do circo. Em Picasso, entre tantos exemplos, *Família dos saltimbancos*; Cézanne retratou Arlequins e Pierrots; George Rouault pintou o *Pierrot branco*, *Arlequim* e *Terça-feira gorda*. Na ópera, destaque-se: *Pagliacci* (Leoncavallo), de 1892. Até a música de vanguarda, que surgiu dentro da reformulação da arte moderna, voltou-se para esta temática, como prova *Pierrot lunar*, melodrama de Arnold Schoenberg (1912). Quer dizer, durante uns quarenta anos esse assunto povoou o imaginário dos artistas. E seria interessante estudar por que, naquela época, os artistas se deixaram seduzir por esse tema.

No Brasil, os modernistas estavam envoltos igualmente na temática carnavalesca. Uns mais ligados ao passado, como *Máscaras*, de Menotti del Picchia (1920); outros, como Mário de Andrade, compondo *Pauliceia desvairada*, que em 1922 foi um marco da nova linguagem.

Observe-se, no entanto, que *Carnaval* de Bandeira é um livro de passagem do século XIX para o século XX. Os estudiosos do autor já apontaram que nesta obra ele está preso à estética do passado e se esforça por se aproximar da modernidade. Conforme já foi assinalado à saciedade, o poema "Os sapos" é algo que prenuncia a sátira modernista, uma ironia aos poetas parnasianos Goulart de Andrade e Hermes Fontes (apesar de Bandeira em alguns desses poemas ser, confessadamente, também parnasiano).

Tomaremos outra direção em nosso estudo. Observe-se primeiramente que *Carnaval* não foi unanimemente bem recebido. Como lembra o próprio Bandeira, houve quem dissesse: "O sr. Manuel Bandeira inicia o seu livro com o seguinte verso: 'Quero beber! cantar asneiras'... Pois conseguiu plenamente o que desejava."

Agora, vejam vocês como são fecundas e contraditórias as opiniões críticas. Acresce que Bandeira também tinha reservas quando a esta obra. Suas palavras sobre o livro *Carnaval* não são muito animadoras. Talvez ele estivesse espertamente usando a estratégia da "modéstia afetada" de que nos fala a retórica antiga. O fato é que, quando, a pedido de Fernando Sabino, Paulo Mendes Campos e José Condé, ele redigiu o livro de depoimentos *Itinerário de Pasárgada*, contando como foi sua carreira literária, revelou que *Carnaval* era "um livro sem unidade". E expressou umas coisas das quais, ousada e criticamente, discordo. E, ao discordar, vocês verão como é complexo o processo de criação artística e o diálogo complementar que a crítica pode exercer com a criação.

Bandeira não só achava que faltava unidade ao seu livro, ainda acrescentava: "Sob o pretexto de que no carnaval todas fantasias se permitem, admiti na coletânea uns fundos de gaveta, três ou quatro sonetos que não passam de pastiches parnasianos ('A ceia', 'Menipo', 'A morte de Pã', e mesmo 'Verdes mares', que este até o Pedro Dantas, meu fã número 1, considera imprestável) e isto ao lado das alfinetadas dos Sapos".

Pois vamos demonstrar que, ao contrário do que diz o poeta, "A ceia", "Menipo" e "A morte de Pã" não são simples "fundos de gaveta". São textos fundamentais para se entender a estrutura de carnaval de Bandeira. E para tornar isso mais explícito é preciso fazer uma diferenciação. Uma coisa é a temática do carnaval tal como foi tratada nas artes em geral e outra (que diz respeito à estrutura profunda do texto) é o que se chama de carnavalização.

Ao que parece, Bandeira não tinha a menor noção do que fosse carnavalização. Nem poderia supor que o seu poema "Menipo" (que ele diz não saber por que botou no livro), escrito em 1907, teria tudo a ver com a teoria da carnavalização lançada por Mikhail Bakhtin em 1928, na Rússia, e só espalhada pelos franceses no Ocidente a partir de 1970. Assim, se nota como certas teorias ajudam a iluminar certos textos, a despeito do que querem seus autores.

Por que teria Bandeira posto aquele soneto sobre Menipo no seu livro, embora o achasse um simples "fundo de gaveta"? Aqui temos um fato curioso. Quem é esse Menipo? O leitor mais interessado vai encontrar algumas informações que confirmam que o poema tem tudo a ver com a temática do carnaval e com Manuel

Bandeira. Ou seja, a presença de Menipo é índice da carnavalização. É preciso, além do texto, ir ao contexto. Primeiro, é preciso saber que Menipo foi o criador da sátira menipeia. Ou seja, foi o "inventor" de um tipo de comédia, que acabou por levar o seu nome. Explicando melhor: esse Menipo de Gadara viveu no século III a.c. e criou um tipo de sátira cheia de fantasmagorias, idas ao céu e ao inferno, transitando entre bordéis, orgias eróticas e aspirações à pureza. Aí alucinações, excessos, palavrões e extravagâncias têm lugar. Isso não está ausente no livro do poeta pernambucano. Bandeira não era nenhum incauto, conhecia os clássicos, deu aulas de literatura na Universidade Federal do Rio de Janeiro e escreveu *Noções de história das literaturas* (1940). Sabia, evidentemente, da importância de Menipo na história da sátira e do teatro. E, embora não pudesse antenar com o que seria a futura teoria da carnavalização, registrou sua homenagem a Menipo exatamente no livro *Carnaval*.

E o que diz Bandeira deste emblemático Menipo na cena do seu ambivalente carnaval?

Descreve que Menipo, ao realizar a sua última viagem, já morto, atravessando o rio Estige, esse zombeteiro, esse "cínico vadio", enganou até mesmo Caronte, que o conduzia, pois nos seus lábios se via que ele ria da morte como havia ironizado a vida. Essa zombaria tem tudo a ver com o carnaval. Não é à toa que a morte aparece tragicomicamente nas cenas carnavalescas. O carnaval é também o ritual no qual se quebram as normas e se perde o medo da morte.

Mais ainda: esse cadáver risonho de Menipo insere-se no tópico do "diálogo dos mortos", que encontramos em outros carnavalizadores, seja Machado de Assis ou Dostoiévski, como demonstrou Mikhail Bakhtin.

Tomemos agora aquele outro poema que Bandeira não sabia por que havia posto no seu livro: "A ceia". É outra cena de profanação, típica do carnaval.

Assim como Bilac descrevia cenas parnasianas de luxúria em "A tentação de Xenócrates", Bandeira entrevê o Papa (num dos típicos carnavais romanos que envolviam o Vaticano) manifestando seu desejo diante de três adolescentes que perto dele dançavam.

E essa mistura do sacro e do profano, típica do carnaval, que aproxima sempre os opostos e os extremos, volta agora de uma maneira ainda mais insólita na superposição da figura da Pã e da figura de Cristo. Estou me referindo já àquele outro soneto que o poeta achava também ser um simples "fundo de gaveta", "A morte de Pã". O mito de Pã é comum na poesia dessa época e poderia ser largamente analisado. Mas vamos nos concentrar no tópico que nos interessa. Aí vemos outra profanação carnavalesca. A morte de Cristo é transposta e fundida com a morte de Pã.

Com efeito, quando lemos a mitologia, aprendemos que Pã era companheiro de Baco. Não para aí o paralelo, pois o livro bradava logo no princípio "Evoé Baco!". Incrementando a fusão entre o profano e o sagrado, entre a mitologia antiga e a cristã, o poeta inscreve aquele último verso: "é morto o grande Pã". Ora, tal frase, consabidamente, remete para a lenda de que a morte de Pã é anunciadora do fim do paganismo. Portanto, temos aí dualidade, ambiguidade. O carnaval de Bandeira é pagão e é cristão, fala de Baco e de Cristo, é esse "carnaval sem nenhuma alegria", como vai dizer no poema final, justamente chamado de "Epílogo".

Nesse sentido, o carnaval de Bandeira fala não só dele, mas do leitor, ali um cristão crucificado entre a bacanal e o arrependimento da quarta-feira de cinzas. Ele não está inventando nada, está dramatizando as ambivalências do homem católico de seu tempo, vagando entre santas e prostitutas, ora como um Pierrot choroso entre a Colombina perversa e pervertida, ora como o Arlequim irrequieto. Assim, ele percorre todos os matizes da sexualidade carnavalesca, até a bissexualidade do Pierrot/Pierrette.

O leitor tem o direito de se perguntar: por que existem neste livro sobre carnaval referências ao avesso do carnaval, à Santa Teresa, por exemplo? Com efeito, o poema "Toante" estabelece um paralelo entre o "espasmo" e o "êxtase religioso". Pertinente é lembrar que um dos textos mais conhecidos de Santa Teresa é aquele em que ela descreve o gozo místico como algo semelhante ao gozo carnal. E Bandeira se apropria dessa ideia. No poema "Sonho de uma terça-feira gorda" surge aquela lança de ouro que a Santa via, sentia e descrevia. O poeta, fazendo uma paráfrase do texto da Santa, diz que "Um lento, suave júbilo/ Que nos penetrava...", mas "Que nos penetrava como uma espada de fogo.../ Como a espada de fogo que apunhalava as santas extáticas!".

Há outro poema neste livro de algum modo intrigante. Trata-se de "Súcubo". O termo já é raro, como rara é a palavra "vulgívaga" aplicada à prostituta. Súcubo pode ser sinônimo de pesadelo como pode ser também nome de demônio, de tentação. E, nesse soneto, como ocorria com os santos no deserto, o poeta descreve a tentação, a luxúria, a posse amorosa e demoníaca desencadeada por uma mulher que lhe vem em sonhos. Isso é exemplo das fantasmagorias, daquela atmosfera de alucinações que a sátira menipeia sabia criar.

O leitor deve ter percebido que estou analisando este livro a partir de textos que o autor menosprezou e de textos que até agora a crítica não soube dizer por que estavam num livro dedicado ao carnaval. E, aprofundando um pouco mais a observação, o convido agora a ver uma coisa que em geral passa desapercebida.

Volte àquele poema a que me referi – "Toante" – em que há uma referência à Santa Teresa; está lá uma epígrafe do poeta alemão Nikolaus Lenau (1802-1850). Bandeira sabia alemão, traduziu "Maria Stuart", de Friedrich Schiller (1759-1805). E o poeta e dramaturgo Lenau é uma referência curiosa na poética de Bandeira. Está presente duas vezes neste livro *Carnaval*. Por quê? Essa presença tem um significado que vale a pena explorar.

Uma das referências a Lenau é essa epígrafe: "wie ein stilles Nachtgebet" ("falando de uma prece numa noite tranquila"); e, outra vez, Lenau surge num poema que parece totalmente deslocado para quem não tem maior conhecimento de sua obra. O poema "A sereia de Lenau" descreve o poeta e/ou Lenau olhando as ondas do mar e sentindo ali a presença de sereias, as filhas das mulheres que teriam levado o poeta "ao oceano sem fundo da loucura".

A sereia, como assinalam os dicionários de símbolos, é sinônimo não só da mulher tentadora, mas da prostituta, daquela "vulgívaga" que, ao contrário de Santa Teresa, debochadamente diz:

> Não posso crer que se conceba
> Do amor senão o gozo físico!
> O meu amante morreu bêbado,
> E meu marido morreu tísico!

Mas algo ainda mais instigante surge quando estabelecemos algumas correlações no âmbito da literatura comparada ou na exploração de certos temas que aparecem reincidentemente nos autores. Esse Lenau, que tanto está presente em Bandeira, é também autor de um drama sobre Don Juan, no qual o sedutor toma de assalto um convento e converte as freiras em ninfas ensandecidas. Coincidentemente, "D. Juan" é o título de um soneto de Bandeira em *A cinza das horas*. E esse personagem aparece exatamente com os atributos típicos dos atores do carnaval descrito pelo poeta: "Tua alma era do céu e perdeu-se no inferno...". Portanto, Bandeira é um poeta que está elaborando sistematicamente certas obsessões. Uma forma de relacionar este livro com o resto de sua obra é exatamente perseguir as imagens que representam a mulher, sobretudo a ambiguidade entre a santa e a prostituta que atravessa seus versos e se mostra claramente no caso de Santa Maria Egipcíaca ("Balada de Santa Maria Egipcíaca"). Ocorre que, antes de ser santa, ainda adolescente, ela foi prostituta em Alexandria, no século IV. Por isso, o carnaval de Bandeira tanto se dirige à carne quanto ao dilaceramento do espírito.

Nessas alturas, o leitor já percebeu que uma das maneiras de ler apropriadamente este livro de Bandeira é ampliar o conhecimento a respeito dos personagens que ele descreve. Não há como não invocar a presença da *Commedia dell'arte* italiana, que, a partir do século XVI, fixou algumas variantes da Colombina, do Arlequim e do Pierrot. Há que estudar as "máscaras" italianas criadas por esse tipo de comédia. Existe extensa bibliografia sobre o tema e no livro *Que fazer de Ezra Pound*[1] forneço várias fontes e exemplos para quem quer ir mais longe nesse estudo. A figura do Arlequim, por exemplo, é bem mais complexa do que parece à primeira vista e sua vocação erótica está presa ao seu passado violento – de violentador de mulheres nas festas primitivas do solstício de inverno. E a festa carnavalesca de Bandeira é também perversa.

---

1   SANT'ANNA, Affonso Romano de. *Que fazer de Ezra Pound*. Rio de Janeiro: Imago, 2003.

Digo isso e chamo atenção para uma outra coisa. Pode-se ler este livro de Bandeira de forma ainda mais criativa, como se fosse uma peça de teatro. Nesse sentido, é estranho que ainda não tenha sido encenado. Aí estão vários atributos dramáticos explícitos, visto que Bandeira foi tradutor de Shakespeare. Tome-se, por exemplo, a abertura do livro. É um verdadeiro prólogo em forma de epígrafe. Ele descreve a entrada em cena de uma figura feminina decadente. Pode ser uma das máscaras de Colombina, mas pode ser a própria poesia na qual o poeta tuberculoso vê a "esperança de felicidade" e a que ama com "perdida volúpia, com desesperação e angústia...".

Nesse sentido, termino fazendo uma sugestão a quem queira ir mais fundo no conhecimento não só da poesia, mas da obra de Bandeira. Como todo grande autor, ele trabalha algumas obsessões e imagens em seus livros. E *Carnaval* ganha mais consistência quando correlacionado com o que escreveu antes e depois. Sugiro, então, que deem um prosseguimento a essa pesquisa e vejam em *O canibalismo amoroso*[2] alguns temas realmente fascinantes, como: o mito da prostituta sagrada, a questão da hierogamia, a família permissiva que aparece em "Vou-me embora pra Pasárgada" e a questão da tuberculose do poeta e seus escritos entre a sordidez humana e a busca transcendental da pureza.

AFFONSO ROMANO DE SANT'ANNA

---

2   Idem. *O canibalismo amoroso*. Rio de Janeiro: Rocco, 1993.

Carnaval

Epígrafe

Ela entrou com embaraço, tentou sorrir, e perguntou tristemente – se eu a reconhecia?

O aspecto carnavalesco lhe vinha menos do frangalho de fantasia que do seu ar de extrema penúria. Fez por parecer alegre. Mas o sorriso se lhe transmudou em ricto amargo. E os olhos ficaram baços, como duas poças de água suja... Então, para cortar o soluço que adivinhei subindo de sua garganta, puxei-a para ao pé de mim e, com doçura:

– Tu és a minha esperança de felicidade e cada dia que passa eu te quero mais, com perdida volúpia, com desesperação e angústia...

Bacanal

Quero beber! cantar asneiras
No esto brutal das bebedeiras
Que tudo emborca e faz em caco...
　　　Evoé Baco!

Lá se me parte a alma levada
No torvelim da mascarada,
A gargalhar em doudo assomo...
　　　Evoé Momo!

Lacem-na toda, multicores,
As serpentinas dos amores,
Cobras de lívidos venenos...
　　　Evoé Vênus!

Se perguntarem: Que mais queres,
Além de versos e mulheres?...
– Vinhos!... o vinho que é o meu fraco!...
　　　Evoé Baco!

O alfange rútilo da lua,
Por degolar a nuca nua
Que me alucina e que eu não domo!...
　　　Evoé Momo!

A Lira etérea, a grande Lira!...
Por que eu extático desfira
Em seu louvor versos obscenos,
Evoé Vênus!

1918

Os sapos

Enfunando os papos,
Saem da penumbra,
Aos pulos, os sapos.
A luz os deslumbra.

Em ronco que aterra,
Berra o sapo-boi:
– "Meu pai foi à guerra!"
– "Não foi!" – "Foi!" – "Não foi!"

O sapo-tanoeiro,
Parnasiano aguado,
Diz: – "Meu cancioneiro
É bem martelado.

Vede como primo
Em comer os hiatos!
Que arte! E nunca rimo
Os termos cognatos.

O meu verso é bom
Frumento sem joio.
Faço rimas com
Consoantes de apoio.

Vai por cinquenta anos
Que lhes dei a norma:
Reduzi sem danos
A fôrmas a forma.

Clame a saparia
Em críticas céticas:
Não há mais poesia,
Mas há artes poéticas..."

Urra o sapo-boi:
— "Meu pai foi rei" – "Foi!"
— "Não foi!" – "Foi!" – "Não foi!"

Brada em um assomo
O sapo-tanoeiro:
— "A grande arte é como
Lavor de joalheiro.

Ou bem de estatuário.
Tudo quanto é belo,
Tudo quanto é vário,
Canta no martelo."

Outros, sapos-pipas
(Um mal em si cabe),
Falam pelas tripas:
– "Sei!" – "Não sabe!" – "Sabe!"

Longe dessa grita,
Lá onde mais densa
A noite infinita
Verte a sombra imensa;

Lá, fugido ao mundo,
Sem glória, sem fé,
No perau profundo
E solitário, é

Que soluças tu,
Transido de frio,
Sapo-cururu
Da beira do rio...

1918

A canção das lágrimas de Pierrot

I

A sala em espelhos brilha
Com lustros de dez mil velas.
Miríades de rodelas
Multicores – maravilha! –

Torvelinham no ar que alaga
O cloretilo e se toma
Daquele mesclado aroma
De carnes e de bisnaga.

E rodam mais que confete,
Em farândolas quebradas,
Cabeças desassisadas
Por Colombina ou Pierrette.

II

Pierrot entra em salto súbito.
Upa! Que força o levanta?
E enquanto a turba se espanta,
Ei-lo se roja em decúbito.

A tez, antes melancólica,
Brilha. A cara careteia.
Canta. Toca. E com tal veia,
Com tanta paixão diabólica,

Tanta, que se lhe ensanguentam
Os dedos. Fibra por fibra,
Toda a sua essência vibra
Nas cordas que se arrebentam.

III

Seu alaúde de plátano
Milagre é que não se quebre.
E a sua fronte arde em febre,
Ai dele! e os cuidados matam-no.

Ai dele! que essa alegria,
Aquelas canções, aquele
Surto não é mais, ai dele!
Do que uma imensa ironia.

Fazendo à cantiga louca
Dolorido contracanto,
Por dentro borbulha o pranto
Como outra voz de outra boca:

IV

– "Negaste a pele macia
"À minha linda paixão!
"E irás entregá-la um dia
"Aos feios vermes do chão...

"Fiz por ver se te podia
"Amolecer, – e não pude!
"Em vão pela noite fria
"Devasto o meu alaúde...

"Minha paz, minha alegria,
"Minha coragem, roubaste-mas...
"E hoje a minh'alma sombria
"É como um poço de lástimas..."

V

Corre após a amada esquiva.
Procura o precário ensejo
De matar o seu desejo
Numa carícia furtiva.

E encontrando-o Colombina,
Se lhe dá, lesta, à socapa,
Em vez do beijo uma tapa,
O pobre rosto ilumina-se-lhe!...

Ele que estava de rastros,
Pula, e tão alto se eleva,
Como se fosse na treva
Romper a esfera dos astros!...

Vulgívaga

Não posso crer que se conceba
Do amor senão o gozo físico!
O meu amante morreu bêbado,
E meu marido morreu tísico!

Não sei entre que astutos dedos
Deixei a rosa da inocência.
Antes da minha pubescência
Sabia todos os segredos...

Fui de um... Fui de outro... Este era médico...
Um, poeta... Outro, nem sei mais!
Tive em meu leito enciclopédico
Todas as artes liberais.

Aos velhos dou o meu engulho.
Aos férvidos, o que os esfrie.
A artistas, a *coquetterie*
Que inspira... E aos tímidos, – o orgulho.

Estes, caçoo-os e depeno-os:
A canga fez-se para o boi...
Meu claro ventre nunca foi
De sonhadores e de ingênuos!

E todavia se o primeiro
Que encontro, fere toda a lira,
Amanso. Tudo se me tira.
Dou tudo. E mesmo... dou dinheiro...

Se bate, então como o estremeço!
Oh, a volúpia da pancada!
Dar-me entre lágrimas, quebrada
Do seu colérico arremesso...

E o cio atroz se me não leva
A valhacoutos de canalhas,
É porque temo pela treva
O fio fino das navalhas...

Não posso crer que se conceba
Do amor senão o gozo físico!
O meu amante morreu bêbado,
E meu marido morreu tísico!

Verdes mares

Clama uma voz amiga: – "Aí tem o Ceará."
E eu, que nas ondas punha a vista deslumbrada,
Olho a cidade. Ao sol chispa a areia doirada.
A bordo a faina avulta e toda a gente já

Desce. Uma moça ri, quebrando o panamá.
"– Perdi a mala!" um diz de cara acabrunhada.
Sobre as águas, arfando, uma breve jangada
Passa. Tão frágil! Deus a leve, onde ela vá.

Esmalta ao fundo a costa a verdura de um parque,
E enquanto a grita aumenta em berros e assobios
Rudes, na confusão brutal do desembarque:

Fitando a vastidão magnífica do mar,
Que ressalta e reluz: – "Verdes mares bravios..."
Cita um sujeito que jamais leu Alencar.

1908

A rosa

A vista incerta,
Os ombros langues,
Pierrot aperta
As mãos exangues
De encontro ao peito.

Alguma cousa
O punge ali
Que ele não ousa
Lançar de si,
O pobre doido!

Uma sombria
Rosa escarlata
Em agonia
Faz que lhe bata
O coração...

Sangrenta rosa
Que evoca a louca,
A voluptuosa
Volúvel boca
De sua amada...

Ah, com que mágoa,
Com que desgosto
Dois fios de água
Lavam-lhe o rosto
De faces lívidas!

Da veste branca
À larga túnica
Por fim arranca
A rosa púnica
Em um soluço.

E parecia,
Jogando ao chão
A flor sombria,
Que o coração
Ele arrancara!...

A sereia de Lenau

Quando na grave solidão do Atlântico
Olhavas da amurada do navio
O mar já luminoso e já sombrio,
Lenau! teu grande espírito romântico

Suspirava por ver dentro das ondas
Até o álveo profundo das areias,
A enxergar alvas formas de sereias
De braços nus e nádegas redondas.

Ilusão! que sem cauda aqueles seres,
Deixando o ermo monótono das águas,
Andam em terra suscitando mágoas,
Misturadas às filhas das mulheres.

Nikolaus Lenau, poeta da amargura!
Uma te amou, chamava-se Sofia.
E te levou pela melancolia
Ao oceano sem fundo da loucura.

Pierrot branco

Atrás de minha fronte esquálida,
Que em insônias se mortifica,
Brilha uma como chama pálida
De pálida, pálida mica...

Não a acendeu a ardente febre,
Ai de mim, da consumpção hética
Que esgalga até que um dia quebre
A minha carcaça caquética!

Nem a alumiou a fantasia
Por velar de rúbido pejo
Aquela agitação sombria
Que em pancadas de mau desejo

Tortura o coração aflito,
Sugere requintes de gozo,
Por concriar – sonho infinito –
O andrógino miraculoso!

A chama que em suave lampejo
A esquálida tez me ilumina,
Não a ateou febre nem desejo,
– Mas um beijo de Colombina.

A fina, a doce ferida...

A fina, a doce ferida
Que foi a dor do meu gozo
Deixou quebranto amoroso
Na cicatriz dolorida.

Pois que ardor pecaminoso
Ateou a esta alma perdida
A fina, a doce ferida
Que foi a dor do meu gozo.

Como uma adaga partida
Punge o golpe voluptuoso...
Que no peito sem repouso
Me arderá por toda a vida
A fina, a doce ferida...

A silhueta

Na sala obscura, onde branqueja
A mancha ebúrnea do teclado,
Morre e revive, expira, arqueja
O estribilho desesperado.

Um Pierrot de vestes de seda
Negra, ele próprio toca e canta.
O timbre múrmuro segreda
Uma dor que sobe à garganta.

E uma tristeza de tal sorte
Vem nessa pobre voz humana,
Que se pensa em fugir na morte
À miséria cotidiana.

Como a voz, também a mão geme.
E na parede se debruça
A sombra pálida, que treme,
De uma garganta que soluça...

Arlequinada

Que idade tens, Colombina?
Será a idade que pareces?...
Tivesses a que tivesses!
Tu para mim és menina.

Que exíguo o teu talhe! E penso:
Cambraia pouca precisa:
Pode ser toda num lenço
Cortada a tua camisa...

Teus seios têm treze anos.
Dão os dois uma mancheia...
E essa inocência incendeia,
Faz cinza de desenganos...

O teu pequenino queixo
– Símbolo do teu capricho –
É dele que mais me queixo,
Que por ele assim me espicho!

Tua cabeleira rara
Também ela é de criança:
Dará uma escassa trança,
Onde eu mal me estrangulara!

E que direi do franzino,
Do breve pé de menina?...
Seria o mais pequenino
No jogo da pampolina...

Infantil é o teu sorriso.
A cabeça, essa é de vento:
Não sabe o que é pensamento
E jamais terá juízo...

Crês tu que os recém-nascidos
São achados entre as couves?...
Mas vejo que os teus ouvidos
Ardem... Finges que não ouves...

Perdão, perdão, Colombina!
Perdão, que me deu na telha
Cantar em medida velha
Teus encantos de menina...

Juiz de Fora, 1918

Do que dissestes...

Do que dissestes, alma fria,
Já nada vos acode mais?...
Éramos sós... Fora chovia...
Quanta ternura em mim havia!
(Em vós também... Por que o negais?)

Hoje, contudo, nem me olhais...
Pobre de mim! Por que seria?
Acaso arrependida estais
Do que dissestes?

É bem possível que o estejais...
O amor é coisa fugidia...
Eu, no entretanto, que em tal dia
Gozei momentos sem iguais,
Eu não me esquecerei jamais
Do que dissestes.

Pierrot místico

Torna a meu leito, Colombina!
Não procures em outros braços
Os requintes em que se afina
A volúpia dos meus abraços.

Os atletas poderão dar-te
O amor próximo das sevícias...
Só eu possuo a ingênua arte
Das indefiníveis carícias...

Meus magros dedos dissolutos
Conhecem todos os afagos
Para os teus olhos sempre enxutos
Mudar em dois brumosos lagos...

Quando em êxtase os olhos viro,
Ah se pudesses, fútil presa,
Sentir na dor do meu suspiro
A minha infinita tristeza!...

Insensato aquele que busca
O amor na fúria dionisíaca!
Por mim desamo a posse brusca:
A volúpia é cisma elegíaca...

A volúpia é bruma que esconde
Abismos de melancolia...
Flor de tristes pântanos onde
Mais que a morte a vida é sombria...

Minh'alma lírica de amante
Despedaçada de soluços,
Minh'alma ingênua, extravagante,
Aspira a desoras de bruços

Não às alegrias impuras,
Mas àquelas rosas simbólicas
De vossas ardentes ternuras,
Grandes místicas melancólicas!...

Debussy

Para cá, para lá...
Para cá, para lá...
Um novelozinho de linha...
Para cá, para lá...
Para cá, para lá...
Oscila no ar pela mão de uma criança
(Vem e vai...)
Que delicadamente e quase a adormecer o balança
– Psiu... –
Para cá, para lá...
Para cá e...
– O novelozinho caiu.

Pierrette

O relento hiperestesia
O ritmo tardo de meu sangue.
Sinto correr-me a espinha langue
Um calefrio de histeria...

Gemem ondinas nos repuxos
Das fontes. Faunos aparecem.
E salamandras desfalecem
Nas sarças, nos braços dos bruxos.

Corro à floresta: entre miríades
De vaga-lumes, junto aos troncos,
Gênios caprípedes e broncos
Estupram virgens hamadríades.

Ergo olhos súplices: e vejo,
Ante as minhas pupilas tontas,
No sete-estrelo as sete pontas
De sete espadas de desejo.

O sexo obsidente alucina
A minha índole surpresa:
As imagens da natureza
São um delírio de morfina.

A minha carne complicada
Espreita, em voluptuoso ardil,
Alguém que tenha a alma sutil,
Decadente, degenerada!

E a lua verte como uma âmbula
O filtro erótico que assombra...
Vem, meu Pierrot, ó minha sombra
Cocainômana e noctâmbula!...

O súcubo

Quando em silêncio a casa adormecia e vinha
Ao meu quarto a aromada emanação dos matos,
Deslizáveis astuta, amorosa e daninha,
Propinando na treva o absinto dos contatos.

Como se enlaça ao tronco a ondulação da vinha,
Um por um despojando os fictícios recatos,
Estreitáveis-me cauta e essa pupila tinha
Fosforescências como a pupila dos gatos.

Tudo em vós flamejava em instintiva fúria.
A garganta cruel arfava com luxúria.
O ventre era um covil de serpentes em cio...

Sem paixão, sem pudor, sem escrúpulos – éreis
Tão bela! e as vossas mãos, fontes de calefrio,
Abrasavam no ardor das volúpias estéreis...

Teresópolis, 1912

Rondó de Colombina

De Colombina o infantil borzeguim
Pierrot aperta a chorar de saudade.
O sonho passou. Traz magoado o rim,
Magoada a cabeça exposta à umidade.

Lavou o orvalho a alvaiade e o carmim.
A alva desponta. Dói-lhe a claridade
Nos olhos tristes. Que é dela?... Arlequim
Levou-a! e dobra o desejo à maldade
    De Colombina.

O seu desencanto não tem um fim.
Pobre Pierrot! Não lhe queiras assim.
Que são teus amores?... – Ingenuidade
E o gosto de buscar a própria dor.
Ela é de dois?... Pois aceita a metade!
Que essa metade é talvez todo o amor
    De Colombina...

1913

O descante de Arlequim

A lua ainda não nasceu.
A escuridão propícia aos furtos,
Propícia aos furtos, como o meu,
De amores frívolos e curtos,

Estende o manto alcoviteiro
À cuja sombra, se quiseres,
A mais ardente das mulheres
Terá o seu único parceiro.

Ei-lo. Sem glória e sem vintém,
Amando os vinhos e os baralhos,
Eu, nesta veste de retalhos,
Sou tudo quanto te convém.

Não se me dá do teu recato.
Antes, polido pelo vício,
Sou fácil, acomodatício,
Agora beijo, agora bato,

Que importa? Ao menos o teu ser
Ao meu anélito corruto
Esquecerá por um minuto
O pesadelo de viver.

E eu, vagabundo sem idade,
Contra a moral e contra os códigos,
Dar-te-ei entre os meus braços pródigos
Um momento de eternidade...

A Dama Branca

A Dama Branca que eu encontrei,
Faz tantos anos,
Na minha vida sem lei nem rei,
Sorriu-me em todos os desenganos.

Era sorriso de compaixão?
Era sorriso de zombaria?
Não era mofa nem dó. Senão,
Só nas tristezas me sorriria.

E a Dama Branca sorriu também
A cada júbilo interior.
Sorria como querendo bem.
E todavia não era amor.

Era desejo? – Credo! De tísicos?
Por histeria... quem sabe lá?...
A Dama tinha caprichos físicos:
Era uma estranha vulgívaga.

Ela era o gênio da corrupção.
Tábua de vícios adulterinos.
Tivera amantes: uma porção.
Até mulheres. Até meninos.

Ao pobre amante que lhe queria,
Se lhe furtava sarcástica.
Com uns perjura, com outros fria,
Com outros má,

– A Dama Branca que eu encontrei,
Há tantos anos,
Na minha vida sem lei nem rei,
Sorriu-me em todos os desenganos.

Essa constância de anos a fio,
Sutil, captara-me. E imaginai!
Por uma noite de muito frio,
A Dama Branca levou meu pai.

A ceia

Junto à púrpura os tons mais ricos esmaecem.
Chispa ardente lascívia em cada rosto glabro.
Luzem anéis. À luz crua do candelabro
Finda a ceia. O perfume e os vinhos entontecem.

César medita e trama o desígnio macabro.
Quando em volúpia aos mais os olhos enlanguescem,
Os seus, frios, fitando o irmão, lançá-lo tecem,
Horas depois, do Tibre ao fundo volutabro.

Três gregas de alvos pés, pubescentes e esguias,
Torcendo os corpos nus donde acre aroma escapa,
Dançam meneando véus, flexíveis como enguias.

Enquanto, a acompanhar os lascivos trejeitos,
Entre os seios liriais de uma matrona, o Papa
Deixa cair, rindo, um punhado de confeitos.

1907

Menipo

Menipo, o zombeteiro, o Cínico vadio,
Ia fazer, enfim, a última viagem.
Mas ia sem temor, calmo, atento à paisagem
Que se desenrolava à beira do atro rio.

E chasqueava a sorrir sobre o Estige sombrio.
Nem cuidara em trazer o óbolo da passagem!
Em face de Caronte, a pavorosa imagem
Do barqueiro da Morte olhava em desafio.

Outros erguiam no ar suplicemente as palmas.
Ele, avesso ao terror daquelas pobres almas,
Antes afigurava um deus sereno e forte.

Em seu lábio cansado um sorriso luzia.
E era o sorriso eterno e sutil da ironia
Que triunfara da vida e triunfava da morte.

1907

A morte de Pã

Quando aquele que o beijo infiel traíra no Horto,
Desfaleceu na cruz, das montanhas ao mar
Gemeu, com grande pranto e feio soluçar,
Uma voz que dizia: – "O grande Pã é morto!...

"Aquele deleitoso, almo viver absorto
"No amor da natureza augusta e familiar,
"O ledo rito antigo, outrem veio mudar
"Em doutrina de amargo e rudo desconforto.

"Faunos, morrei! Morrei, Dríades e Napeias!
"Oréades gentis que a flauta do Egipã
"Congraçava na relva em rondas e coreias,

"Morrei! Apague o vento os tenuíssimos laivos
"Dos ágeis pés sutis... Bosques, desencantai-vos...
"Fontes do ermo, chorai que é morto o grande Pã!..."

Baladilha arcaica

Na velha torre quadrangular
Vivia a Virgem dos Devaneios...
Tão alvos braços... Tão lindos seios...
Tão alvos seios por afagar...

A sua vista não ia além
Dos quatro muros que a enclausuravam
E ninguém via – ninguém, ninguém –
Os meigos olhos que suspiravam.

Entanto fora, se algum zagal,
Por noites brancas de lua cheia,
Ali passava, vindo do val,
Em si dizia: – Que torre feia!

Um dia a Virgem desconhecida
Da velha torre quadrangular
Morreu inane, desfalecida,
Desfalecida de suspirar...

Rimancete

À dona de seu encanto,
À bem-amada pudica,
Por quem se desvela tanto,
Por quem tanto se dedica,
Olhos lavados em pranto,
O seu amante suplica:

O que me darás, donzela,
Por preço de meu amor?
– Dou-te os meus olhos (disse ela),
Os meus olhos sem senhor...
– Ai não me fales assim!
Que uma esperança tão bela
Nunca será para mim!
O que me darás, donzela,
Por preço de meu amor?
– Dou-te os meus lábios (disse ela),
Os meus lábios sem senhor...
– Ai não me enganes assim,
Sonho meu! Coisa tão bela
Nunca será para mim!
O que me darás, donzela,
Por preço de meu amor?
– Dou-te as minhas mãos (disse ela),
As minhas mãos sem senhor...

– Não me escarneças assim!
Bem sei que prenda tão bela
Nunca será para mim!
O que me darás, donzela,
Por preço de meu amor?
– Dou-te os meus peitos (disse ela),
Os meus peitos sem senhor...
– Não me tortures assim!
Mentes! Dádiva tão bela
Nunca será para mim!
O que me darás, donzela,
Por preço de meu amor?
– Minha rosa e minha vida...
Que por perdê-la perdida,
Me desfaleço de dor...
– Não me enlouqueças assim,
Vida minha! Flor tão bela
Nunca será para mim!
O que me darás, donzela?...
– Deixas-me triste e sombria.
Cismo... Não atino o quê...
Dava-te quanto podia...
Que queres mais que te dê?

Responde o moço destarte:
– Teu pensamento quero eu!
– Isso não... não posso dar-te...
Que há muito tempo ele é teu...

Madrigal

A luz do sol bate na lua...
Bate na lua, cai no mar...
Do mar ascende à face tua,
Vem reluzir em teu olhar...

E olhas nos olhos solitários,
Nos olhos que são teus... É assim
Que eu sinto em êxtases lunários
A luz do sol cantar em mim...

Confidência

Tudo o que existe em mim de grave e carinhoso
Te digo aqui como se fosse ao teu ouvido...
Só tu mesma ouvirás o que aos outros não ouso
Contar do meu tormento obscuro e impressentido.

Em tuas mãos de morte, ó minha Noite escura!
Aperta as minhas mãos geladas. E em repouso
Eu te direi no ouvido a minha desventura
E tudo o que em mim há de grave e carinhoso.

1913

Hiato

És na minha vida como um luminoso
Poema que se lê comovidamente
Entre sorrisos e lágrimas de gozo...

A cada imagem, outra alma, outro ente
Parece entrar em nós e manso enlaçar
A velha alma arruinada e doente...

– Um poema luminoso como o mar,
Aberto em sorrisos de espuma, onde as velas
Fogem como garças longínquas no ar...

Toante

... wie ein stilles Nachtgebet.

Lenau

Molha em teu pranto de aurora as minhas mãos
[pálidas.
Molha-as. Assim eu as quero levar à boca,
Em espírito de humildade, como um cálice
De penitência em que a minh'alma se faz boa...

Foi assim que Teresa de Jesus amou...
Molha em teu pranto de aurora as minhas mãos
[pálidas.
O espasmo é como um êxtase religioso...
E o teu amor tem o sabor das tuas lágrimas...

Alumbramento

Eu vi os céus! Eu vi os céus!
Oh, essa angélica brancura
Sem tristes pejos e sem véus!

Nem uma nuvem de amargura
Vem a alma desassossegar.
E sinto-a bela... e sinto-a pura...

Eu vi nevar! Eu vi nevar!
Oh, cristalizações da bruma
A amortalhar, a cintilar!

Eu vi o mar! Lírios de espuma
Vinham desabrochar à flor
Da água que o vento desapruma...

Eu vi a estrela do pastor...
Vi a licorne alvinitente!...
Vi... vi o rastro do Senhor!...

E vi a Via Láctea ardente...
Vi comunhões... capelas... véus...
Súbito... alucinadamente...

Vi carros triunfais... troféus...
Pérolas grandes como a lua...
Eu vi os céus! Eu vi os céus!

– Eu vi-a nua... toda nua!

Clavadel, 1913

Sonho de uma terça-feira gorda

Eu estava contigo. Os nossos dominós eram negros,
[e negras eram as nossas máscaras.
Íamos, por entre a turba, com solenidade,
Bem conscientes do nosso ar lúgubre
Tão contrastado pelo sentimento de felicidade
Que nos penetrava. Um lento, suave júbilo
Que nos penetrava... Que nos penetrava como uma
[espada de fogo...
Como a espada de fogo que apunhalava as santas
[extáticas!

E a impressão em meu sonho era que se estávamos
Assim de negro, assim por fora inteiramente de
[negro,
– Dentro de nós, ao contrário, era tudo claro e
[luminoso!

Era terça-feira gorda. A multidão inumerável
Burburinhava. Entre clangores de fanfarra
Passavam préstitos apoteóticos.
Eram alegorias ingênuas, ao gosto popular, em cores
[cruas.
Iam em cima, empoleiradas, mulheres de má vida,
De peitos enormes – Vênus para caixeiros.

Figuravam deusas, – deusa disto, deusa daquilo, já
[tontas e seminuas.
A turba, ávida de promiscuidade,
Acotovelava-se com algazarra,
Aclamava-as com alarido.
E, aqui e ali, virgens atiravam-lhes flores.

Nós caminhávamos de mãos dadas, com solenidade,
O ar lúgubre, negros, negros...
Mas dentro em nós era tudo claro e luminoso!
Nem a alegria estava ali, fora de nós.
A alegria estava em nós.
Era dentro de nós que estava a alegria,
– A profunda, a silenciosa alegria...

Poema de uma quarta-feira de cinzas

Entre a turba grosseira e fútil
Um Pierrot doloroso passa.
Veste-o uma túnica inconsútil
Feita de sonho e de desgraça...

O seu delírio manso agrupa
Atrás dele os maus e os basbaques.
Este o indigita, este outro o apupa...
Indiferente a tais ataques,

Nublada a vista em pranto inútil,
Dolorosamente ele passa.
Veste-o uma túnica inconsútil,
Feita de sonho e de desgraça...

Epílogo

Eu quis um dia, como Schumann, compor
Um Carnaval todo subjetivo:
Um Carnaval em que o só motivo
Fosse o meu próprio ser interior...

Quando o acabei, – a diferença que havia!
O de Schumann é um poema cheio de amor,
E de frescura, e de mocidade...
E o meu tinha a morta morta-cor
Da senilidade e da amargura...
– O meu Carnaval sem nenhuma alegria!...

1919

Cronologia

1886

A 19 de abril, nasce Manuel Carneiro de Souza Bandeira Filho, em Recife. Seus pais, Manuel Carneiro de Souza Bandeira e Francelina Ribeiro de Souza Bandeira.

1890

A família se transfere para o Rio de Janeiro, depois para Santos, São Paulo e novamente para o Rio de Janeiro.

1892

Volta para Recife.

1896-1902

Novamente no Rio de Janeiro, cursa o externato do Ginásio Nacional, atual Colégio Pedro II.

1903-1908

Transfere-se para São Paulo, onde cursa a Escola Politécnica. Por influência do pai, começa a estudar arquitetura. Em 1904, doente (tuberculose), volta ao Rio de Janeiro para se tratar. Em seguida, ainda em tratamento, reside em Campanha, Teresópolis, Maranguape, Uruquê e Quixeramobim.

1913

Segue para a Europa, para tratar-se no sanatório de Clavadel, Suíça. Tenta publicar um primeiro livro, *Poemetos melancólicos*, perdido no sanatório quando o poeta retorna ao Brasil.

1916

Morre a mãe do poeta.

1917

Publica o primeiro livro, *A cinza das horas*.

1918
Morre a irmã do poeta, sua enfermeira desde 1904.

1919
Publica *Carnaval*.

1920
Morre o pai do poeta.

1922
Em São Paulo, Ronald de Carvalho lê o poema "Os sapos", de *Carnaval*, na Semana de Arte Moderna. Morre o irmão do poeta.

1924
Publica *Poesias*, que reúne *A cinza das horas*, *Carnaval* e *O ritmo dissoluto*.

1925
Começa a escrever para o "Mês Modernista", página dos modernistas em *A Noite*.
Exerce a crítica musical nas revistas *A Ideia Ilustrada* e *Ariel*.

1926
Como jornalista, viaja por Salvador, Recife, João Pessoa, Fortaleza, São Luís e Belém.

1928-1929
Viaja a Minas Gerais e São Paulo. Como fiscal de bancas examinadoras, viaja para Recife. Começa a escrever crônicas para o *Diário Nacional*, de São Paulo, e *A Província*, do Recife.

1930
Publica *Libertinagem*.

1935
Nomeado pelo ministro Gustavo Capanema inspetor de ensino secundário.

1936
Publica *Estrela da manhã*, em edição fora de comércio.

Os amigos publicam *Homenagem a Manuel Bandeira*, com poemas, estudos críticos e comentários sobre sua vida e obra.

1937

Publica *Crônicas da Província do Brasil*, *Poesias escolhidas* e *Antologia dos poetas brasileiros da fase romântica*.

1938

Nomeado pelo ministro Gustavo Capanema professor de literatura do Colégio Pedro II e membro do Conselho Consultivo do Departamento do Patrimônio Histórico e Artístico Nacional.

Publica *Antologia dos poetas brasileiros da fase parnasiana* e o ensaio *Guia de Ouro Preto*.

1940

Publica *Poesias completas* e os ensaios *Noções de história das literaturas* e *A autoria das "Cartas chilenas"*.
Eleito para a Academia Brasileira de Letras.

1941

Exerce a crítica de artes plásticas em *A Manhã*, do Rio de Janeiro.

1942

Eleito para a Sociedade Felipe d'Oliveira. Organiza *Sonetos completos e poemas escolhidos*, de Antero de Quental.

1943

Nomeado professor de literatura hispano-americana na Faculdade Nacional de Filosofia. Deixa o Colégio Pedro II.

1944

Publica uma nova edição ampliada das suas *Poesias completas* e organiza *Obras poéticas*, de Gonçalves Dias.

1945

Publica *Poemas traduzidos*.

1946

Publica *Apresentação da poesia brasileira*, *Antologia dos poetas*

brasileiros bissextos contemporâneos e, no México, *Panorama de la poesía brasileña.*
Conquista o Prêmio de Poesia do IBEC.

1948

Publica *Mafuá do malungo: jogos onomásticos e outros versos de circunstância*, em edição fora de comércio, um novo volume de *Poesias escolhidas* e novas edições aumentadas de *Poesias completas* e *Poemas traduzidos.*
Organiza *Rimas*, de José Albano.

1949

Publica o ensaio *Literatura hispano-americana.*

1951

A convite de amigos, candidata-se a deputado pelo Partido Socialista Brasileiro, mas não se elege.
Publica nova edição, novamente aumentada, das *Poesias completas.*

1952

Publica *Opus 10*, em edição fora de comércio, e a biografia *Gonçalves Dias.*

1954

Publica as memórias *Itinerário de Pasárgada* e o livro de ensaios *De poetas e de poesia.*

1955

Publica *50 poemas escolhidos pelo autor* e *Poesias.* Começa a escrever crônicas para o *Jornal do Brasil*, do Rio de Janeiro, e *Folha da Manhã*, de São Paulo.

1956

Publica o ensaio *Versificação em língua portuguesa*, uma nova edição de *Poemas traduzidos* e, em Lisboa, *Obras poéticas.*
Aposenta-se compulsoriamente como professor de literatura hispano-americana da Faculdade Nacional de Filosofia.

1957

Publica o livro de crônicas *Flauta de papel* e a edição conjunta *Itinerário de Pasárgada/De poetas e de poesia.*
Viaja para Holanda, Inglaterra e França.

1958

Publica *Poesia e prosa* (obra reunida, em dois volumes), a antologia *Gonçalves Dias*, uma nova edição de *Noções de história das literaturas* e, em Washington, *Brief History of Brazilian Literature.*

1960

Publica *Pasárgada*, *Alumbramentos* e *Estrela da tarde*, todos em edição fora de comércio, e, em Paris, *Poèmes.*

1961

Publica *Antologia poética*. Começa a escrever crônicas para o programa *Quadrante*, da Rádio Ministério da Educação.

1962

Publica *Poesia e vida de Gonçalves Dias.*

1963

Publica a segunda edição de *Estrela da tarde* (acrescida de poemas inéditos e da tradução de *Auto sacramental do Divino Narciso*, de Sóror Juana Inés de la Cruz) e a antologia *Poetas do Brasil*, organizada em parceria com José Guilherme Merquior. Começa a escrever crônicas para o programa *Vozes da cidade*, da Rádio Roquette-Pinto.

1964

Publica em Paris o livro *Manuel Bandeira*, com tradução e organização de Michel Simon, e, em Nova York, *Brief History of Brazilian Literature.*

1965

Publica *Rio de Janeiro em prosa & verso*, livro organizado em parceria com Carlos Drummond de Andrade, *Antologia dos poetas brasileiros da fase simbolista* e, em edição fora de comércio, o álbum *Preparação para a morte.*

1966

Recebe, das mãos do presidente da República, a Ordem do Mérito Nacional.

Publica *Os reis vagabundos e mais 50 crônicas*, com organização de Rubem Braga, *Estrela da vida inteira* (poesia completa) e o livro de crônicas *Andorinha, andorinha*, com organização de Carlos Drummond de Andrade.

Conquista o título de Cidadão Carioca, da Assembleia Legislativa do Estado da Guanabara, e o Prêmio Moinho Santista.

1967

Publica *Poesia completa e prosa*, em volume único, e a *Antologia dos poetas brasileiros da fase moderna*, em dois volumes, organizada em parceria com Walmir Ayala.

1968

Publica o livro de crônicas *Colóquio unilateralmente sentimental*. Falece a 13 de outubro, no Rio de Janeiro.

Bibliografia básica sobre Manuel Bandeira

ANDRADE, Carlos Drummond de. Entre Bandeira e Oswald de Andrade. In: _____. *Tempo vida poesia:* confissões no rádio. Rio de Janeiro: Record, 1986.

_____. Manuel Bandeira. In: _____. *Passeios na ilha:* divagações sobre a vida literária e outras matérias. Rio de Janeiro: Organização Simões, 1952.

_____ et al. *Homenagem a Manuel Bandeira.* Rio de Janeiro: Typ. do *Jornal do Commercio*, 1936. 2. ed. fac-similar. São Paulo: Metal Leve, 1986.

ANDRADE, Mário de. A poesia em 1930. In: _____. *Aspectos da literatura brasileira.* 5. ed. São Paulo: Martins, 1974.

ARRIGUCCI JR., Davi. A beleza humilde e áspera. In: _____. *O cacto e as ruínas:* a poesia entre outras artes. 2. ed. São Paulo: Duas Cidades/Editora 34, 2000.

_____. Achados e perdidos. In: _____. *Outros achados e perdidos.* São Paulo: Companhia das Letras, 1999.

_____. *Humildade, paixão e morte:* a poesia de Manuel Bandeira. São Paulo: Companhia das Letras, 1990.

_____. O humilde cotidiano de Manuel Bandeira. In: SCHWARZ, Roberto (Org.). *Os pobres na literatura brasileira.* São Paulo: Brasiliense, 1983.

BACIU, Stefan. *Manuel Bandeira de corpo inteiro.* Rio de Janeiro: José Olympio, 1966.

BARBOSA, Francisco de Assis. *Manuel Bandeira, 100 anos de poesia:* síntese da vida e obra do poeta maior do Modernismo. Recife: Pool, 1988.

_____. Manuel Bandeira, estudante do Colégio Pedro II. In: _____. *Achados do vento*. Rio de Janeiro: Ministério da Educação e Cultura/Instituto Nacional do Livro, 1958.

BEZERRA, Elvia. *A trinca do Curvelo:* Manuel Bandeira, Ribeiro Couto e Nise da Silveira. Rio de Janeiro: Topbooks, 1995.

BRASIL, Assis. *Manuel e João:* dois poetas pernambucanos. Rio de Janeiro. Imago, 1990.

BRAYNER, Sônia (Org.). *Manuel Bandeira*. Rio de Janeiro: Civilização Brasileira; Brasília: Instituto Nacional do Livro, 1980.

CANDIDO DE MELLO E SOUZA, Antonio. Carrossel. In: _____. *Na sala de aula:* caderno de análise literária. São Paulo: Ática, 1985.

_____; MELLO E SOUZA, Gilda de. Introdução. In: BANDEIRA, Manuel. *Estrela da vida inteira:* poesias reunidas. Rio de Janeiro: José Olympio, 1966.

CARPEAUX, Otto Maria. Bandeira. In: _____. *Ensaios reunidos:* 1942-1968. Rio de Janeiro: UniverCidade/ Topbooks, 1999.

_____. Última canção – vasto mundo. In: _____. *Origens e fins*. Rio de Janeiro: Casa do Estudante do Brasil, 1943.

CASTELLO, José Aderaldo. Manuel Bandeira – sob o signo da infância. In: _____. *A literatura brasileira:* origens e unidade. São Paulo: Edusp, 1999. v. 2.

COELHO, Joaquim-Francisco. *Biopoética de Manuel Bandeira*. Recife: Massangana, 1981.

_____. *Manuel Bandeira pré-modernista*. Rio de Janeiro: José Olympio; Brasília: Instituto Nacional do Livro, 1982.

CORRÊA, Roberto Alvim. Notas sobre a poesia de Manuel Bandeira. In: _____. *Anteu e a crítica:* ensaios literários. Rio de Janeiro: José Olympio, 1948.

COUTO, Ribeiro. *Três retratos de Manuel Bandeira*. Organização de Elvia Bezerra. Rio de Janeiro: Academia Brasileira de Letras, 2004.

ESPINHEIRA FILHO, Ruy. *Forma e alumbramento:* poética e poesia em Manuel Bandeira. Rio de Janeiro: José Olympio/Academia Brasileira de Letras, 2004.

FONSECA, Edson Nery da. *Alumbramentos e perplexidades:* vivências bandeirianas. São Paulo: Arx, 2002.

FREYRE, Gilberto. A propósito de Manuel Bandeira. In: _____. *Tempo de aprendiz.* São Paulo: Ibrasa; Brasília: Instituto Nacional do Livro, 1979.

_____. Dos oito aos oitenta. In: _____. *Prefácios desgarrados.* Rio de Janeiro: Cátedra; Brasília: Instituto Nacional do Livro, 1978. v. 2.

_____. Manuel Bandeira em três tempos. In: _____. *Perfil de Euclides e outros perfis.* 2. ed. aumentada. Rio de Janeiro: Record, 1987. 3. ed. revista. São Paulo: Global, 2011.

GARBUGLIO, José Carlos. *Roteiro de leitura:* poesia de Manuel Bandeira. São Paulo: Ática, 1998.

GARDEL, André. *O encontro entre Bandeira e Sinhô.* Rio de Janeiro: Secretaria Municipal de Cultura/ Departamento Geral de Documentação e Informação Cultural/Divisão de Editoração, 1996.

GOLDSTEIN, Norma Seltzer. *Do penumbrismo ao Modernismo:* o primeiro Bandeira e outros poetas significativos. São Paulo: Ática, 1983.

_____ (Org.). *Traços marcantes no percurso poético de Manuel Bandeira.* São Paulo: Humanitas, 2005.

GOYANNA, Flávia Jardim Ferraz. *O lirismo antirromântico em Manuel Bandeira.* Recife: Fundarpe, 1994.

GRIECO, Agrippino. Manuel Bandeira. In: _____. *Poetas e prosadores do Brasil:* de Gregório de Matos a Guimarães Rosa. Rio de Janeiro: Conquista, 1968.

GUIMARÃES, Júlio Castañon. *Manuel Bandeira:* beco e alumbramento. São Paulo: Brasiliense, 1984.

_____. *Por que ler Manuel Bandeira.* São Paulo: Globo, 2008.

IVO, Lêdo. *A república da desilusão:* ensaios. Rio de Janeiro: Topbooks, 1994.

_____. Estrela de Manuel. In: _____. *Poesia observada:* ensaios sobre a criação poética e matérias afins. 2. ed. São Paulo: Duas Cidades, 1978.

_____. *O preto no branco:* exegese de um poema de Manuel Bandeira. Rio de Janeiro: São José, 1955.

JUNQUEIRA, Ivan. Humildade, paixão e morte. In: _____. *Prosa dispersa:* ensaios. Rio de Janeiro: Topbooks, 1991.

_____. *Testamento de Pasárgada.* Rio de Janeiro: Nova Fronteira, 1980. 2. ed. revista, 2003.

KOSHIYAMA, Jorge. O lirismo em si mesmo: leitura de "Poética" de Manuel Bandeira. In: BOSI, Alfredo (Org.). *Leitura de poesia.* São Paulo: Ática, 1996.

LIMA, Rocha. *Dois momentos da poesia de Manuel Bandeira.* Rio de Janeiro: José Olympio, 1992.

LOPEZ, Telê Porto Ancona (Org.). *Manuel Bandeira:* verso e reverso. São Paulo: T. A. Queiroz, 1987.

MARTINS, Wilson. Bandeira e Drummond... In: _____. *Pontos de vista:* crítica literária 1954-1955. São Paulo: T. A. Queiroz, 1991. v. 1.

_____. Manuel Bandeira. In: _____. *A literatura brasileira:* o Modernismo. São Paulo: Cultrix, 1965. v. 6.

MERQUIOR, José Guilherme. O Modernismo e três dos seus poetas. In: _____. *Crítica 1964-1989:* ensaios sobre arte e literatura. Rio de Janeiro: Nova Fronteira, 1990.

MILLIET, Sérgio. *Panorama da moderna poesia brasileira.* Rio de Janeiro: Ministério da Educação e Saúde/ Serviço de Documentação, 1952.

MONTEIRO, Adolfo Casais. *Manuel Bandeira.* Rio de Janeiro: Ministério da Educação e Cultura/Serviço de Documentação, 1958.

MORAES, Emanuel de. *Manuel Bandeira:* análise e interpretação literária. Rio de Janeiro: José Olympio, 1962.

MOURA, Murilo Marcondes de. *Manuel Bandeira*. São Paulo: Publifolha, 2001.

MURICY, Andrade. Manuel Bandeira. In: _____. *A nova literatura brasileira:* crítica e antologia. Porto Alegre: Globo, 1936.

_____. Manuel Bandeira. In: _____. *Panorama do movimento simbolista brasileiro*. 2. ed. Brasília: Conselho Federal de Cultura/Instituto Nacional do Livro, 1973. v. 2.

PAES, José Paulo. Bandeira tradutor ou o esquizofrênico incompleto. In: _____. *Armazém literário:* ensaios. São Paulo: Companhia das Letras, 2008.

_____. Pulmões feitos coração. In: _____. *Os perigos da poesia e outros ensaios*. Rio de Janeiro: Topbooks, 1997.

PONTIERO, Giovanni. *Manuel Bandeira:* visão geral de sua obra. Tradução de Terezinha Prado Galante. Rio de Janeiro: José Olympio, 1986.

ROSENBAUM, Yudith. *Manuel Bandeira:* uma poesia da ausência. São Paulo: Edusp; Rio de Janeiro: Imago, 1993.

SENNA, Homero. Viagem a Pasárgada. In: _____. *República das letras:* 20 entrevistas com escritores. 2. ed. revista e ampliada. Rio de Janeiro: Gráfica Olímpica, 1968.

SILVA, Alberto da Costa e. Lembranças de um encontro. In: _____. *O pardal na janela*. Rio de Janeiro: Academia Brasileira de Letras, 2002.

SILVA, Beatriz Folly e; LESSA, Maria Eduarda de Almeida Vianna. *Inventário do arquivo Manuel Bandeira*. Rio de Janeiro: Fundação Casa de Rui Barbosa, 1989.

SILVA, Maximiano de Carvalho e. *Homenagem a Manuel Bandeira:* 1986-1988. Niterói: Sociedade Sousa da Silveira; Rio de Janeiro: Monteiro Aranha/Presença, 1989.

SILVEIRA, Joel. Manuel Bandeira, 13 de março de 1966, em Teresópolis: "Venham ver! A vaca está comendo as flores do Rodriguinho. Não vai sobrar uma.

Que beleza!". In: _____. *A milésima segunda noite da avenida Paulista e outras reportagens.* São Paulo: Companhia das Letras, 2003.

VILLAÇA, Antonio Carlos. M. B. In: _____. *Encontros.* Rio de Janeiro/Brasília: Editora Brasília, 1974.

_____. Manuel, Manu. In: _____. *Diário de Faxinal do Céu.* Rio de Janeiro: Lacerda, 1998.

XAVIER, Elódia F. (Org.). *Manuel Bandeira:* 1886-1986. Rio de Janeiro: UFRJ/Antares, 1986.

XAVIER, Jairo José. *Camões e Manuel Bandeira.* Rio de Janeiro: Ministério da Educação e Cultura/ Departamento de Assuntos Culturais, 1973.

Índice de primeiros versos

A Dama Branca que eu encontrei,	65
À dona de seu encanto,	75
A fina, a doce ferida	45
A lua ainda não nasceu.	63
A luz do sol bate na lua...	79
A sala em espelhos brilha	31
A vista incerta,	39
Atrás de minha fronte esquálida,	43
Clama uma voz amiga: – "Aí tem o Ceará."	37
De Colombina o infantil borzeguim	61
Do que dissestes, alma fria,	51
Ela entrou com embaraço, tentou sorrir, e perguntou *tristemente – se eu a reconhecia?*	23
Enfunando os papos,	27
Entre a turba grosseira e fútil	91
És na minha vida como um luminoso	83
Eu estava contigo. Os nossos dominós eram negros, e negras eram as nossas máscaras.	89
Eu quis um dia, como Schumann, compor	93
Eu vi os céus! Eu vi os céus!	87
Junto à púrpura os tons mais ricos esmaecem.	67
Menipo, o zombeteiro, o Cínico vadio,	69
Molha em teu pranto de aurora as minhas mãos pálidas.	85
Na sala obscura, onde branqueja	47
Na velha torre quadrangular	73
Não posso crer que se conceba	35

O relento hiperestesia	57
Para cá, para lá...	55
Quando aquele que o beijo infiel traíra no Horto,	71
Quando em silêncio a casa adormecia e vinha	59
Quando na grave solidão do Atlântico	41
Que idade tens, Colombina?	49
Quero beber! cantar asneiras	25
Torna a meu leito, Colombina!	53
Tudo o que existe em mim de grave e carinhoso	81

Índice

O carnaval de Bandeira – *Affonso Romano de Sant'Anna* 11

Epígrafe	23
Bacanal	25
Os sapos	27
A canção das lágrimas de Pierrot	31
Vulgívaga	35
Verdes mares	37
A rosa	39
A sereia de Lenau	41
Pierrot branco	43
A fina, a doce ferida...	45
A silhueta	47
Arlequinada	49
Do que dissestes...	51
Pierrot místico	53
Debussy	55
Pierrette	57
O súcubo	59
Rondó de Colombina	61
O descante de Arlequim	63
A Dama Branca	65
A ceia	67
Menipo	69
A morte de Pã	71
Baladilha arcaica	73

Rimancete	75
Madrigal	79
Confidência	81
Hiato	83
Toante	85
Alumbramento	87
Sonho de uma terça-feira gorda	89
Poema de uma quarta-feira de cinzas	91
Epílogo	93
Cronologia	95
Bibliografia básica sobre Manuel Bandeira	101
Índice de primeiros versos	107

GRÁFICA PAYM
Tel. (11) 4392-3344
paym@terra.com.br